Michel LEBEL

Le SUPER mémento

BRIDGE STANDARD FRANÇAIS

BRIDGE STANDARD FRANÇAIS

Michel LEBEL

Entames : 78

la
SUPER
majeure 5e
COMPACT

LE LEBEL en 220 pages

EDITIONS
DU ROCHER

Bridge et Jeux Michel Lebel

AMÉLIORER VOTRE BRIDGE
avec la SUPER majeure 5e COMPACT

I LA SUPER MAJEURE 5e

L'OUVERTURE

3 RÈGLES-BASES permettent de comprendre les principales ouvertures.

La PRIORITÉ ABSOLUE est l'ouverture de la MAJEURE CINQUIÈME.

LES 3 RÈGLES-BASES
1 - **Pour ouvrir d'un ♥ ou d'un ♠, il faut un minimum de 5 cartes.**
2 - SANS **majeure cinquième, ouvrez d'1 SA avec** 16-17-18 **points H et une distribution régulière.**
3 - SINON **ouvrez d'1 ♣ ou d'un ♦, votre mineure la plus longue.**

AVANT D'OUVRIR

- Vérifiez que vous avez le minimum requis ⇒ 13 **points H ou** 14 **points DH pour ouvrir d'1 à la couleur.**
- Vérifiez que votre ouverture est conforme aux 3 Règles-Bases.

LES POINTS DH

Les points d'honneurs et les points de distribution.

Ils permettent de mesurer la valeur du jeu de l'ouvreur et des 3 autres joueurs.

VALEUR DES POINTS H

AS = 4 ROI = 3 DAME = 2 VALET = 1

VALEUR DES POINTS D

Chicane (0 carte dans 1 couleur)	= 3
Singleton (1 carte dans 1 couleur)	= 2
Doubleton (2 cartes dans 1 couleur)	= 1

- Ajoutez un point D par carte à partir de la 6e dans la même couleur.

Un jeu est dit régulier s'il possède au maximum 1 point D.

POINTS DH = points D + points H

LES PLUS-VALUES

- A l'atout ajoutez 1 point D avec un beau bicolore (5-5, 6-4) ; ajoutez 2 points D avec un bicolore exceptionnel.
- A SA ajoutez 1 point H avec de nombreuses cartes intermédiaires ou avec une bonne longueur 5e – le plus souvent une mineure.

LES OUVERTURES AU NIVEAU DE 1

L'OUVERTURE D'1 A LA COULEUR

C'est l'ouverture la plus fréquente.
Elle va de **13 H** ou **14 DH** jusqu'à **23 DH.**

CHOIX DE LA COULEUR D'OUVERTURE

RAPPEL : il faut au moins 5 cartes pour ouvrir d'1 ♥ ou d'1 ♠.

LES 3 RÈGLES

1. **Avec un bicolore ⇒ ouvrez de la plus longue et en cas d'égalité de la plus chère.**
2. **Avec les 2 mineures quatrièmes ⇒ ouvrez d'1 ♦.**
3. **Ouvrez d'1 ♣ avec 3 ♣ et 3 ♦ et une distribution 4-3-3-3.**

♠	A 10 8 4	
♥	R 7 2	
♦	R D 8	Ouvrez d'1 ♣
♣	D 7 2	

Avec un bicolore « majeur-mineur » :

- Si votre majeure est plus longue : ouvrez de **la majeure**.
- Si votre mineure est plus longue : ouvrez de **la majeure** sauf avec un jeu très fort – à partir de 18 DH.

♠	8 4	
♥	R D V 9 6	
♦	A V 7 6 3 2	Ouvrez d'1 ♥
♣	–	

LE BICOLORE NOIR

Il est désormais classique en SUPER majeure cinquième d'ouvrir d'1 ♠ avec un bicolore noir : 5 ♠ + 5 ♣.

- L'ouverture d'1 ♠ est beaucoup plus gênante pour vos adversaires.
- Vous ne risquez plus de passer à côté d'un contrat à ♠ !

Note : vous pouvez ouvrir d'1 ♣ avec un jeu très puissant et une belle couleur à ♣.

L'OUVERTURE D'1 SANS-ATOUT

(16-17-18 H)

Une ouverture **très précise** qui indique un jeu régulier – maximum 1 point D – de 16 à 18 points H, sans majeure cinquième.

- La présence d'un petit doubleton n'est en aucun cas une contre-indication à l'ouverture d'1 SA.

Voici deux exemples :

♠ A D 8 6	♠ A R 9
♥ R V 9	♥ R 10 8
♦ A D 10	♦ 6 2
♣ V 10 8	♣ A D 10 9 3

- N'oubliez pas d'ouvrir d'1 SA avec 15 points H et des plus-values.

LES OUVERTURES AU NIVEAU DE 2

L'OUVERTURE DE 2 SANS-ATOUT

Ouvrez de 2 SA avec 21 ou 22 points H et une distribution régulière (maximum 1 point D), sans majeure cinquième.

- N'oubliez pas d'ouvrir de 2 SA avec 20 points H et des plus-values.

LES OUVERTURES DE 2 FORT

(2 ♦ - 2 ♥ - 2 ♠)

Ouvrez d'un 2 Fort :

1	**Avec 20 à 23 DH et une robuste couleur 6e.**
2	**Avec 22 ou 23 DH et une très belle couleur 5e.**

♠	**A D V 9 8 7**
♥	**A R 5**
♦	**A V**
♣	**10 9**

Ouvrez de 2 ♠

N'ouvrez pas d'un 2 Fort :

Si x votre couleur est ♣ ⇒ ouvrez d'1 ♣

Si x votre distribution est bicolore ⇒ ouvrez d'1 à la couleur

LE 2 ♣ ALBARRAN

La seule ouverture artificielle de la SUPER majeure 5e.

Elle oblige le partenaire à ne pas passer avant la manche.

L'ouverture de 2 ♣ est forcing de manche.

Ouvrez de 2 ♣ **à partir** de 23 H ou 24 DH.
TOUTES DISTRIBUTIONS

LES OUVERTURES DE BARRAGES

Les ouvertures de barrages ont pour but de gêner les adversaires.

Faites avec des mains faibles en points H, et une couleur robuste, elles ne comportent en principe pas de levées de défense en dehors de la couleur.

• **Ouvertures de 3 ♣ et 3 ♦.**

Plus précises, elles garantissent une couleur **septième commandée par deux gros honneurs**.

Les ouvertures de 3 ♣ et 3 ♦ permettent de déclarer le contrat de **3 SA**.

• **Ouvertures de 3 ♥ et 3 ♠.**

Ouvrez de 3 ♥ ou 3 ♠ avec 7 cartes. Ce sont d'excellents barrages qui gêneront vos adversaires.

Ouverture de 3 SA (pour joueurs expérimentés)

Une ouverture précise avec :

• Une longueur 7e à ♣ ou ♦ maîtresse

• Un arrêt annexe

9

Ouvertures au niveau de 4

• Longueur très solide (7 ou 8 cartes)

Attention à la vulnérabilité
avant de faire une ouverture de barrage.

OBJECTIF N° 1

L'objectif n° 1 des enchères est de trouver **une majeure commune** de 8 cartes et plus.

NOMBRE DE POINTS POUR LA MANCHE

3 SA	⇒	25 POINTS H
4 ♥ - 4 ♠	⇒	27 POINTS DH

Évitez **les manches en mineure** : 5 ♣ et 5 ♦

LA PREMIÈRE RÉPONSE

3 SORTES DE RÉPONSES

1. **Le soutien**
2. **Le changement de couleur**
3. **Une réponse à sans-atout**

- **Répondez avec un minimum de 5 H ou 6 DH**

- **Retenez que seul le changement de couleur** OBLIGE **l'ouvreur à parler**. Il s'agit d'une enchère forcing.

LES 3 PRIORITÉS

1. **Priorité** au soutien direct à 2 ♥ ou 2 ♠, à partir de 3 atouts et un jeu faible.

2. Sur l'ouverture d'1 ♣ ou d'1 ♦ ⇒ **priorité** à l'annonce d'une majeure en 1 SUR 1.

3. **Priorité** au changement de couleur avec un fort jeu de soutien.

LE SOUTIEN

Une couleur est jouable dès qu'un des deux partenaires connaît un total minimum de 8 cartes entre les deux jeux.

Ouverture 1 ♥ ou 1 ♠ ⇒ soutenez à partir de 3 cartes

– En face d'une ouverture d'1 ♣ ou d'1 ♦ , soutenez à partir de 5 cartes.

LE COMPTE DES POINTS S

Les jeux de soutien sont évalués en points de soutien(s).

Les points H changent peu.

– Ajoutez 1 point avec un gros honneur d'atout.

Les points D. A partir de 4 atouts, comptez ⇒

– 3 points pour un singleton

– 5 points pour une chicane

Ajoutez 1 point pour chaque atout à partir du 9e atout dans votre camp.

LE SOUTIEN DIRECT – non forcing –

- le soutien simple ⇒ **6-10 S**
- le soutien avec saut ⇒ **11-12 S**
- le soutien à la manche (4 ♥ et 4 ♠) ⇒ **13-15 S** et un minimum de 4 atouts.

Deux règles :

1 PRIME À LA MAJEURE. Pour retrouver le fit à ♥ ou à ♠ : pas de soutien direct en mineure avec une majeure 4e.

2 Pour ne pas manquer un bon chelem : pas de soutien direct avec un jeu fort. Commencez par un changement de couleur.

11

LE CHANGEMENT DE COULEUR

Le changement de couleur est forcing. Il n'a pas de limite supérieure.

VOICI LES CONDITIONS MINIMUM : **Pour une réponse 1 sur 1 → 5 H ou 6 DH** **Pour une réponse 2 sur 1 sans saut → 10 H**

- Vous pourrez également faire une réponse 2 sur 1 avec une très robuste couleur 6e à partir de 9 H (parfois 8).
- La réponse de 2 ♥ sur 1 ♠ garantit un minimum de 5 cartes.

VOUS DÉTENEZ PLUSIEURS LONGUEURS

LES 4 RÈGLES

1. Nommez **la plus longue**
2. Avec 2 longueurs 5e ⇒ la plus chère
3. Avec 2 longueurs 4e ⇒ la plus économique
4. Sur 1 ♦ et 1 ♥ ⇒ priorité à la majeure jusqu'à 11 H

LE CHANGEMENT DE COULEUR AVEC SAUT

Il indique immédiatement un espoir de chelem.
Le changement de couleur avec saut se fait :

- à partir de 16 H
- avec un unicolore robuste au moins 5e

RÉPONSES PAR SANS ATOUT

LA **RÉPONSE D'1 SA ⇒ 6 À 10 H** (parfois 5)

La réponse d'1 SA est artificielle et non forcing.

Cette réponse est utilisée comme « roue de secours » en l'absence d'autres possibilités – soutien ou changement de couleur.

LA RÉPONSE D'1 SA SUR 1 ♣

C'est une réponse naturelle et précise qui indique :

- Une distribution régulière
- 8 à 10 points H

Elle dénie formellement une majeure quatrième (ou plus).

LA RÉPONSE DE 2 SA ⇒ 11-12 H

Une réponse précise et naturelle qui indique :

- Une distribution 4-3-3-3 ou 4-4-3-2 et dénie une majeure annonçable au palier de 1.

LA RÉPONSE DE 3 SA ⇒ 13-15 H

Également précise et naturelle, elle indique :

- Une distribution 4-3-3-3 ou 4-4-3-2 et dénie une majeure quatrième.

Sur une ouverture d'1 ♥ ou d'1 ♠ les réponses à SA dénient un soutien de 3 cartes.

1 SA ⇒ STAYMAN ET TEXAS

Les bridgeurs dans leur grande majorité ont adopté le **STAYMAN** et **TEXAS** sur les ouvertures de 1 et 2 SA.

LE STAYMAN

Annoncer 2 ♣ Stayman, c'est poser à l'ouvreur de 1 SA la question suivante :

« avez-vous une majeure quatrième » ?

LES RÉPONSES AU STAYMAN :

- 2 ♦ : **pas de majeure**
- 2 ♥ : **4 cartes à ♥**
- 2 ♠ : **4 cartes à ♠**
- 2 SA : **4 cartes à ♥ + 4 cartes à ♠**

UTILISATION DU STAYMAN

- Utilisez le Stayman avec une majeure 4e, à partir de 8 DH ⇒ pour rechercher un fit 4-4 en majeure
- Pas de Stayman avec une distribution 4-3-3-3

LES 3 ZONES DE RÉPONSE SUR 1 SA

0 à 7 DH ⇒ pas d'espoir de manche

8 à 9 DH ⇒ espoir de manche

à partir de **9 H ou 10 DH** ⇒ certitude de manche

LE TEXAS

Utiliser le TEXAS c'est faire un transfert. Faire un transfert c'est annoncer une couleur pour que votre partenaire nomme **la couleur au-dessus**.

LES RÉPONSES TEXAS :

- 2 ♦ : **avec un minimum de 5 cartes à ♥**
- 2 ♥ : **avec un minimum de 5 cartes à ♠**

Les avantages du TEXAS :

1. Le Texas permet à l'ouvreur de 1 sans-atout d'être le déclarant et donc de **recevoir l'entame**.
2. Le Texas apporte une grande **souplesse** dans la suite des enchères.

Voici un exemple :

1 SA	2 ♦ (TEXAS)
2 ♥	3 ♦ (naturel)

♠	**3**
♥	**A V 10 8 5**
♦	**R D V 7**
♣	**9 6 3**

12 H ou 14 DH

3 ♦ : nouvelle couleur **FORCING MANCHE**

Les TEXAS mineurs (pour joueurs expérimentés)

Répondez :

- 2 ♠ : avec une longueur 6e à ♣
- 3 ♣ : avec une longueur 6e à ♦

1 - SANS MAJEURE

- de 0 à 7 H : PASSE
- avec **8 H** ou **9 DH** : répondez 2 SA
- à partir de **9 H** : répondez 3 SA

2 - AVEC UNE MAJEURE QUATRIÈME

Utilisez le STAYMAN à partir de 8 ou 9 DH.
Ensuite ⇒

Avec 8-9 DH : proposez une manche

- **avec fit** ⇒ 3 ♥ ou 3 ♠
- sans fit ⇒ 2 SA

A partir de 10 DH : nommez directement la manche

- **avec fit** ⇒ 4 ♥ ou 4 ♠
- sans fit ⇒ 3 SA

UNE CONVENTION UTILE
sur la réponse de 2 SA (4 ♥ + 4 ♠)

1 SA	2 ♣
2 SA	4 ♣ = Texas pour 4 ♥ 4 ♦ = Texas pour 4 ♠

- Elle permet à l'ouvreur d'1 SA de recevoir l'entame.

Voici un exemple :

1 SA	2 ♣
2 SA	4 ♣
4 ♥	

♠ V 10 5
♥ A R 9 8
♦ 10 5
♣ D 8 6 2

3 - AVEC UNE MAJEURE CINQUIÈME

C'est l'utilisation du TEXAS.

Ensuite ⇒

de 0 à 7 DH : passez sur 2 ♥ ou 2 ♠

avec 8-9 DH : manifestez votre espoir de manche ⇒ 2 SA ou 3 dans la majeure. L'ouvreur décidera.

- **à partir de 10 DH : il y a certitude de manche.** Trois possibilités selon votre jeu, unicolore, bicolore ou régulier :

1. conclure à 4 ♥ ou 4 ♠
2. annoncer une nouvelle couleur (forcing)
3. annoncer 3 SA. L'ouvreur décidera

4 - AVEC UNE MAJEURE 4e ET UNE MAJEURE 5e

– **avec 8-9 DH :** soutien ou annonce de votre majeure 5e

1 SA	2 ♣	
2 ♦	2 ♠	non forcing

– **à partir de 10 DH :** avec fit concluez à la manche sur 2 ♦ ⇒ nommez votre majeure 5e au palier de 3.

Une convention pour faire jouer l'ouvreur d'1 SA :

Annoncez au palier de 3 votre majeure 4e

1 SA	2 ♣	
2 ♦	3 ♥	avec 5 ♠ + 4 ♥
	3 ♠	avec 5 ♥ + 4 ♠

5 - **Avec un bicolore majeur 5-5** (pour joueurs expérimentés)

– **avec 8-9 DH** ⇒ répondez 2 ♦ (Texas ♥) et nommez les ♠ au tour suivant :

1 SA	2 ♦	
2 ♥	2 ♠	non forcing

– **à partir de 10 DH** ⇒ répondez 4 ♦

1 SA	4 ♦	bicolore majeur

2 SA ⇒ STAYMAN ET TEXAS

LE STAYMAN

Utilisez le STAYMAN à 3 ♣ ⇒ à partir de 5-6 DH et une majeure quatrième (sauf avec une distribution 4-3-3-3).

LES RÉPONSES AU STAYMAN

• 3 ♦	:	**pas de majeure**
• 3 ♥	:	**4 cartes à ♥**
• 3 ♠	:	**4 cartes à ♠**
• 3 SA	:	**4 cartes à ♥ + 4 cartes à ♠**

LE TEXAS

• 3 ♦	:	**avec au moins 5 cartes à ♥**
• 3 ♥	:	**avec au moins 5 cartes à ♠**

Le Texas sur 2 SA permet :

1. à l'ouvreur, d'être le déclarant et de recevoir l'entame
2. de s'arrêter à 3 ♥ ou 3 ♠

2 SA	3 ♦ (TEXAS)
3 ♥	passe

♠	**8**
♥	**V 9 7 6 2**
♦	**10 9 7 4**
♣	**8 6 3**

• Un conseil : **rectifiez** toujours **dans la couleur du Texas**.

Vous pouvez même rectifier à 4 ♥ ou 4 ♠ avec une belle ouverture et 4 cartes dans le Texas de votre partenaire.

LES RÉPONSES SUR 2 SA

1 - SANS MAJEURE

- Passez de 0 à 3 H
- Répondez 3 SA à partir de 4 H

2 - AVEC UNE MAJEURE QUATRIÈME

Répondez 3 ♣ STAYMAN à partir de 5 DH.

ENSUITE ⇒

- Sans fit, répondez 3 SA
- Avec fit ⇒ soutenez à 4 ♥ ou 4 ♠
- Sur 3 SA – les 2 majeures – répondez :

4 ♣	**avec 4 cartes à ♥**
4 ♦	**avec 4 cartes à ♠**

pour joueurs expérimentés

3 - AVEC UNE MAJEURE CINQUIÈME

Utilisez le TEXAS, puis passez jusqu'à 4 DH.

- **A partir de 5 DH** ⇒ annoncez 3 SA avec un jeu semi régulier – 4 ♥ ou 4 ♠ avec 6 cartes.

4 - **Avec une majeure 4ᵉ + une majeure 5ᵉ**

Répondez 3 ♣ **à partir de 5 DH**. ENSUITE ⇒

- Avec fit ⇒ soutenez à 4 ♥ ou 4 ♠
- Sur 3 ♦ ⇒ nommez votre majeure cinquième ou si vous êtes un joueur expérimenté ⇒

NOMMEZ VOTRE MAJEURE QUATRIÈME

3 ♥	avec 5 ♠ + 4 ♥
3 ♠	avec 5 ♥ + 4 ♠

5 - **Avec un bicolore majeur 5-5 et un jeu de manche**

Répondez 4 ♦ (pour joueurs expérimentés).

LA DEUXIÈME ENCHÈRE DI

1 Votre partenaire a fait un changement de couleur

⇒ **vous devez reparler**

2 Votre partenaire a fait une autre réponse

⇒ **vous avez le droit de passer**

PRIORITÉ AU SOUTIEN. N'oubliez pas que l'objectif n° 1 reste la recherche d'un contrat à 8 atouts en majeure.

LES 3 LOIS
LOI n° 1 Additionnez vos points au nombre minimum annoncé par votre partenaire. Avec une certitude de manche demandez la manche ou faites **une enchère forcing**.
LOI n° 2 Additionnez vos points au nombre maximum annoncé par votre partenaire. Avec un espoir de manche faites **une nouvelle enchère**.
LOI n° 3 Si le total des points montre qu'il n'y a pas d'espoir de manche, recherchez le meilleur contrat **au palier le** plus bas.

APRÈS UN CHANGEMENT DE COULEUR

AVEC UN JEU DE SOUTIEN

Le soutien direct garantit 4 atouts

- Soutien **simple** ⇒ de **14 à 16 S**
- Soutien **avec saut** ⇒ de **17 à 19 S**
- Soutien à 4 ♥ ou 4 ♠ ⇒ de **20 à 22 S**
- Avec des jeux de soutien très forts et bien distribués :
- utilisez la convention SPLINTER (voir page 47)
- annoncez une nouvelle couleur forcing

AVEC UN JEU RÉGULIER

(maximum 1 point D)

UNE PRIORITÉ : **nommez une majeure 4e en** 1 SUR 1

- La redemande d'1 SA montre **13 à 15 H**
- La redemande de 2 SA avec saut montre **19-20 H**

APRÈS UNE RÉPONSE 2 SUR 1

- de **12 à 14 H** ⇒ répétez votre couleur d'ouverture
- Avec **15 à 17 H** ⇒ annoncez 2 SA
- A partir de **18 H** ⇒ annoncez 3 SA

L'exception : après le début 1 ♦ → 2 ♣
annoncez **2 SA** avec une ouverture minimum : 13 à 15 H.

- Un joueur qui a annoncé une couleur, lorsqu'il annonce une couleur différente au tour suivant nomme une nouvelle couleur.

Il s'agira le plus souvent d'une enchère bicolore.

LES 3 BICOLORES

1 - **Le bicolore économique ⇒ 14 à 19 DH**
NON FORCING

2 - **Le bicolore cher ⇒ 18 à 23 DH**
FORCING 1 TOUR

2 - **Le bicolore avec saut ⇒ 20 à 23 DH**
FORCING DE MANCHE

La valeur des bicolores est différente **suivant le niveau** où il oblige le répondant à exprimer un éventuel soutien.

- Le bicolore économique permet un retour économique dans la couleur d'ouverture, c'est-à-dire en restant **au palier de** 2.
- Le bicolore cher oblige le répondant, s'il le désire de revenir **au palier de** 3 dans la couleur d'ouverture.

ÉCONOMIQUE		CHER	
1 ♥ 2 ♦	1 ♠ 2 ♥	1 ♦ 2 ♥	1 ♠ **3** ♦

AVEC UN JEU UNICOLORE

- **Répétition sans saut : 14-17 DH**

La répétition montre en principe une couleur 6e.

L'ouvreur devra parfois répéter une couleur 5e avec un jeu bicolore, s'il n'est pas assez fort pour nommer sa deuxième couleur.

- **Répétition avec saut : 18-20 DH et une très** robuste **couleur 6e** :

♠ R 7 5 ♥ A R V 9 7 5 ♦ R D 10 ♣ 9		1 ♥	2 ♣
		3 ♥	

- Avec des unicolores forts sans robuste couleur 6e (à partir de 18 DH) ⇒

nommez une nouvelle couleur (mineure).

SUR LA RÉPONSE D'1 SA

Cette réponse est non forcing.

Reparlez dans les deux cas suivants :

1. Avec un jeu régulier fort
2. Avec une distribution irrégulière

Avec un jeu régulier, répondez :

- 2 SA avec 17-18 H
- 3 SA à partir de 19 H

Avec un jeu irrégulier :

- Répétez votre couleur d'ouverture – **avec ou sans saut** –
- Nommez votre deuxième couleur en respectant les règles des bicolores.

L'ENCHÈRE D'ESSAI

APRÈS UN SOUTIEN SIMPLE EN MAJEURE

Ouvreur ou répondant, faites le compte des points DH ou S de votre camp.

- sans espoir de manche ⇒ **passez**
- avec certitude de manche ⇒ **annoncez 4 ♥ ou 4 ♠**
- avec espoir de manche ⇒ **faites une enchère d'essai**

L'ENCHÈRE D'ESSAI

Faire une enchère d'essai, c'est faire une tentative de manche après un soutien simple à ♥ ou à ♠

1 L'enchère d'essai en nommant une couleur

L'ouvreur montre qu'il désire jouer la manche et qu'il est intéressé par une force ou une courte dans cette couleur.

♠	8
♥	A R V 7 5
♦	A D V
♣	V 9 6 3

1 ♥	2 ♥
3 ♣	

Le répondant annoncera la manche :

- **s'il n'a pas 3 perdantes dans cette couleur**
- **s'il n'est pas minimum**

Sinon il se contentera de 3 ♥ ou de 3 ♠

Note : après un soutien simple de l'ouvreur, le répondant pourra lui aussi faire une enchère d'essai à la couleur ou à 2 SA.

2 **L'enchère d'essai à 2 SA**

Cette enchère d'essai généralisée montre que l'ouvreur est intéressé par toutes les forces :

♠	A R 7 6 3
♥	R 10 8
♦	A D 7
♣	V 10

1 ♠	2 ♠
2 SA	

- Attitude du répondant sur 2 SA :

MINIMUM ⇒ il revient à 3 ♥ ou 3 ♠

MAXIMUM ⇒ il annonce 4 ♥ ou 4 ♠

Un conseil pour l'ouvreur et le répondant :

Tenez compte de votre distribution pour le choix de l'enchère d'essai ⇒

- par une couleur avec un jeu bicolore
- à 2 SA avec un jeu (semi) régulier

APRÈS UN SOUTIEN EN MINEURE

Recherchez la manche à 3 SA

1 Annoncez 2 SA avec :

- 18-19 points H
- une distribution régulière

2 Annoncez une nouvelle couleur – forcing – pour indiquer un arrêt dans la couleur.

Nommez votre arrêt **le plus économique**.

UN CONSEIL : annoncez directement le contrat final quand les renseignements que vous avez obtenus sont suffisants.

UN PRINCIPE :

Une ouverture + une ouverture = une manche

LE FIT EST TROUVÉ

L'ouvreur vient de vous soutenir ⇒

- Appliquez les 3 LOIS (p. 20)
- Faites s'il y a lieu une enchère d'essai
- Recherchez **la manche à SA** après un soutien en mineure

LES ENCHÈRES DE SOUTIEN

Vous possédez un jeu de soutien ⇒

Au palier de 2 → 6 à 10 S
Au palier de 3 → 11-12 S
Au palier de 4 → 13-15 S

LE SOUTIEN FORCING

- en mineure : après un changement de couleur le soutien avec saut de la mineure d'ouverture est **forcing à la manche**.
- en majeure : après une réponse 2 sur 1, le soutien avec saut de la majeure d'ouverture – soutien forcing – montre un espoir de chelem → à partir de **16 S**.

LA RECHERCHE DU CONTRAT

LA RECHERCHE DU FIT 5-3 EN MAJEURE

Avec 5 cartes à ♥ ou à ♠ et un espoir ou une certitude de manche, ⇒ recherchez EN PRIORITÉ un fit 5-3 même avec une distribution régulière.

Faites une enchère forcing : bicolore cher, avec saut ou quatrième couleur (p. 28).

VALEURS DES RÉPONSES

L'ouvreur n'a pas donné de signe de force.

RÉPONSES FAIBLES ⇒

- 1 sans-atout : **6 à 10 H**
- Préférence au palier de 2 : **6 à 10 DH**
- Répétition de la couleur : **7 à 10 DH**

RÉPONSES ENCOURAGEANTES ⇒

- 2 sans-atout : **11-12 H**
- Bicolore économique : **jusqu'à 12 DH**
- Répétition avec saut : **11 à 13 DH**

RÉPONSES FORCING ⇒

- Bicolore cher : **à partir de 13 DH**
- Bicolore avec saut : **à partir de 13 DH**
- Quatrième couleur forcing

UNE RÈGLE IMPORTANTE : toute réponse sur une enchère **encourageante** de l'ouvreur (répétition avec saut, 2 SA) est forcing.

LA QUATRIÈME COULEUR FORCING

La quatrième couleur forcing est une enchère conventionnelle, essentielle pour la recherche de la meilleure manche.

La quatrième couleur forcing ne garantit rien concernant votre distribution.

LA QUATRIÈME COULEUR ÉCONOMIQUE

1 ♦	1 ♥	**Forcing pour 1 tour**
1 ♠	[2 ♣]	A partir de 11 DH

LA QUATRIÈME COULEUR CHÈRE

1 ♦	1 ♥	**Forcing à la** manche
2 ♣	[2 ♠]	A partir de 13 DH

LA QUATRIÈME COULEUR A 1 ♠

1 ♣	1 ♦	Naturelle : 7 H et plus
1 ♥	[1 ♠]	ou à partir de 10 H

ATTITUDE DE L'OUVREUR SUR LA QUATRIÈME COULEUR

L'ouvreur doit répondre dans l'ordre aux 2 questions suivantes :

1 **Avez-vous un fit de 3 cartes** (en majeure) ?

2 **Avez-vous une tenue dans la 4e couleur** ?

Il doit également préciser **sa force** – réponse avec saut – et **sa distribution**.

LE COUP DE FREIN A 2 SA

Utilisé après un bicolore cher (18-23 DH), forcing pour un tour, le COUP DE FREIN à 2 SA permet de s'arrêter à 3 ♣ ou 3 ♦.

Le soutien à 3 ♣ et 3 ♦ : le soutien de la mineure d'ouverture devient une enchère forte. Il est forcing de manche.

Répondez 2 SA sur un bicolore cher avec :

- **une enchère naturelle** (5-8 H environ)
- **une enchère de soutien faible à 3 ♣ ou 3 ♦**

Le coup de frein à 2 SA ⇒ **est forcing pour un tour**.

ATTITUDE DE L'OUVREUR SUR 2 SA :

MINI | il répète sa mineure au palier de 3

♠ A 5		1 ♦	1 ♠
♥ A R 10 8		2 ♥	2 SA
♦ R D V 9 7		3 ♦	
♣ 9 5			

MAXI | il soutient son partenaire
il annonce 3 SA
ou nomme la 4e couleur

En réponse à un bicolore cher :
2 SA ⇒ **coup de frein**
Le soutien 3 ♣ ou 3 ♦ ⇒ **forcing de manche**

LES INTERVENTIONS

Les enchères compétitives débutent dès que l'un des joueurs de la défense fait une intervention.

INTERVENTION À LA COULEUR

La couleur nommée en intervention doit comporter **un minimum de 5 cartes**.

- Pour intervenir au niveau de 1, il faut :

– **soit une robuste couleur**

– **soit une valeur d'ouverture** (ou moins) (7 à 4)

L'intervention à 1 ♠ est très efficace et peu dangereuse.

- Pour intervenir au niveau de 2, il faut :

– **soit une couleur sixième très robuste**

– **soit une couleur solide au moins cinquième et la valeur d'une ouverture convenable.**

- L'intervention au niveau de 2 avec saut : 2 ♥ - 2 ♠

Elle est utilisée comme **une enchère de barrage.**

Intervenez à 2 ♥ ou 2 ♠ avec :

– **une couleur sixième** robuste

– **un jeu en dessous de l'ouverture** (6 à 10 H)

1 ♣ | 2 ♠ |

♠	R D 10 8 7 6
♥	5
♦	R 10 8
♣	7 6 3

Une bonne intervention est basée ⇒

– sur la solidité de la couleur

– sur une bonne distribution

- Pensez à indiquer l'entame

LE CONTRE D'APPEL

Le contre d'appel est l'intervention la plus économique.

SUD	OUEST
1 ♥	contre

• Pour faire un contre d'appel il faut :
- **un minimum de 14 DH**
- **un soutien dans les 3 autres couleurs**

Ces règles sont à observer strictement en l'absence de contre fort.

> ATTENTION :
> ne contrez pas avec une courte dans une majeure non nommée ni si vous êtes long dans la couleur adverse !

N'oubliez pas qu'en faisant un contre d'appel vous demandez à votre partenaire d'annoncer une couleur.

1 ♦	contre	♠ A V 10 5 ♥ R D 9 7 ♦ 6 2 ♣ R V 9

• LE CONTRE SUR 2 COULEURS

Il montre :
- au minimum une valeur d'ouverture
- **4 cartes (ou plus) dans les 2 autres couleurs**

L'INTERVENTION PAR 1 SANS-ATOUT

L'intervention par 1 sans-atout correspond à l'ouverture de 1 sans-atout :

- **16 à 18 points H** (pas 8-11 ? (#7-4)
- **une distribution régulière**
- **un bon arrêt dans la couleur adverse**

LES INTERVENTIONS BICOLORES

NOMMEZ UN BICOLORE

- **avec une distribution au moins** 5-5
- **deux** solides **couleurs**
- vos honneurs concentrés dans vos longueurs

La force d'une intervention bicolore dépend des vulnérabilités en présence.

LES BICOLORES PRÉCISÉS		
L'ouverture adverse	Intervenez à :	Avec un bicolore :
1 ♣	2 ♦	♥ - ♠
	2 SA	♦ - ♥
1 ♦	2 ♦	♥ - ♠
	2 SA	♣ - ♥
1 ♥	2 ♥	♣ - ♠
	2 SA	♣ - ♦
	3 ♣	♦ - ♠
1 ♠	2 ♠	♣ - ♥
	2 SA	♣ - ♦
	3 ♣	♦ - ♥

Sur 1 ♣ , l'intervention à 2 ♣ est naturelle.

ATTENTION ! Ce tableau est complet. Il comprend l'intervention à 3 ♣ réservée aux joueurs expérimentés.

RÉPONSE À UNE INTERVENTION BICOLORE

Tenez compte de votre fit ou de votre misfit dans les couleurs du bicolore et non de votre force en points H.

- Un soutien de 4 cartes **devient un élément essentiel en enchères compétitives**

LE 2 ♣ LANDY ?

Utilisé sur l'ouverture adverse d'1 SA

2 ♣ LANDY = APPEL AUX MAJEURES

1 SA   2 ♣

♠ A D 10 8 6
♥ R D 10 8
♦ R 9 7
♣ 10

Pour intervenir à 2 ♣ LANDY **tenez compte** :

- de votre distribution bicolore (5-4, 5-5, 6-5...)
- de la concentration de vos honneurs à ♥ et à ♠
- des vulnérabilités en présence

LES RÉPONSES SUR LE LANDY	
2 ♥ ou 2 ♠	= **4 atouts** ou une nette préférence pour cette couleur et un jeu faible
2 ♦	= RELAIS **faible** (sans préférence)
3 ♥ ou 3 ♠	= **au moins 4 atouts** – Proposition de manche
4 ♥ ou 4 ♠	= **conclusion** (à partir de 12 S) au moins 4 atouts

- Sur 2 ♦ Relais le partenaire nomme sa majeure la plus longue ou la plus forte en cas d'égalité.
- Vous pouvez également utiliser le **2 ♣ Landy** en réveil avec des jeux plus faibles.

L'INTERVENTION À LA COULEUR

Pour répondre à une intervention à la couleur, il faut :

- **soit posséder un soutien** (à partir de 3 cartes)
- **soit avoir du jeu**

UN CONSEIL : tenez davantage compte de votre fit que de votre force en points H.

- **Le changement de couleur**
  Forcing si la couleur est majeure
  Non forcing si la couleur est mineure

- **Les réponses à SA**
  Avec une tenue dans la couleur adverse
  sans saut : **8 à 12 points H**
  avec saut : **à partir de 13 points H**

- **Le soutien**
  - soutien simple : **6 à 10 S**
  - soutien avec saut : **11-12 S** (4 atouts)

- LE CUE-BID
  Le cue-bid est forcing pour 1 tour. Il montre un minimum de 11 points H.
  Le cue-bid demande des renseignements sur la force de l'intervention ⇒ **la répétition de la couleur montre** une intervention minimum.

L'INTERVENTION PAR 1 SA

Les changements de couleur sont non forcing au palier de 2, forcing au palier de 3.

Pour joueurs expérimentés ⇒
utilisez le STAYMAN et le TEXAS.

LE CONTRE D'APPEL

Vous êtes obligé de répondre :

- Précisez votre FORCE
- Donnez la PRIORITÉ À LA MAJEURE

1. **Avec un jeu faible** (0 à 8 DH) :

- Nommez votre couleur la plus longue – Priorité à la majeure avec quelques points H.

Si le contreur fait une nouvelle enchère après une réponse faible – il montre un minimum de 18 DH

2. **Réponses moyennes :**

- L'annonce d'une couleur avec saut – prime à la majeure – avec 9-10 DH.
- L'enchère d'1 SA : 7 à 9 H et une tenue dans la couleur adverse.
- Le double saut en majeure au palier de 3 – 3 ♥ , 3 ♠ – montre un espoir de manche et une majeure 5e.

3. **Réponses fortes :**

- Manche directe à 4 ♥ ou 4 ♠ (cinq cartes minimum)
- 2 SA avec 10-11 H réguliers (et une tenue)
- 3 SA à partir de 12 H réguliers (et une tenue)
- LE CUE-BID (à partir de 11 DH) ⇒

Avec les autres distributions pour obtenir des renseignements sur le jeu du contreur.

LE RECONTRE **après un soutien adverse** :
après un soutien mineur = appel aux majeures
après un soutien majeur = appel aux mineures

LES RÉVEILS

Vous êtes en situation de réveil après deux « passe »
Exemple :

1 ♥ **passe** **passe** ?

Votre partenaire peut avoir passé avec du jeu.

• LE RÉVEIL PAR CONTRE :
Le réveil le plus fréquent.
Contrez en réveil avec :

- **soit une courte dans la couleur adverse, à partir de 8 H**
- **soit avec une valeur d'ouverture**

• LE RÉVEIL À 1 SA :
Un réveil très précis :

- **10 à 12 points H**
- **distribution régulière**
- **un arrêt dans la couleur adverse**

• LE RÉVEIL À 2 SA :
Le réveil à 2 SA est aujourd'hui utilisé comme une enchère naturelle et précise :

- **17 à 19 H**
- **un arrêt dans la couleur adverse**
- **une distribution régulière**

• LE RÉVEIL PAR UNE COULEUR :
Pour réveiller par une couleur il faut :

- **un minimum de 5 cartes**
- **moins d'une valeur d'ouverture** (en principe)

RÉPONSES AUX RÉVEILS

• RÉVEIL PAR CONTRE

VOICI LA RÈGLE GÉNÉRALE À ADOPTER :

Après un contre de réveil, les 2 joueurs doivent faire une enchère encourageante dès qu'ils possèdent une valeur d'ouverture.

Enchères encourageantes en face d'un contre de réveil :

- **couleur ou sans-atout** avec **saut**
- **le cue-bid** (forcing)

Enchères encourageantes du joueur qui a réveillé par contre :

- **toute autre enchère que passe** sur la réponse du partenaire

Avec des contres très forts : faites une enchère avec saut ou un cue-bid.

• RÉVEIL PAR 1 SA (10-12 H)

- Annoncez 2 SA avec **12-13 H**
- Annoncez 3 SA **à partir de 14 H**

Pour joueurs expérimentés : utilisez **le Stayman** et **le Texas**.

• RÉVEIL PAR 2 SA (17-19 H)

- Annoncez 3 SA à partir **de 7 H**
- Les changements de couleur sont forcing

Pour joueurs expérimentés : utilisez **le Stayman** et **le Texas**.

• RÉVEIL PAR UNE COULEUR

Envisagez la manche à partir d'une valeur d'ouverture.

- **Faites un cue-bid avec un fort jeu de soutien**.

LE SPOUTNIK

DÉFINITION : le SPOUTNIK est un contre d'appel en face d'un partenaire qui a déjà parlé.

LE BUT DU SPOUTNIK : **rechercher un contrat dans la ou les majeures non nommées.**

– **Le Spoutnik s'est généralisé**, il est utilisé par les **4 joueurs** et permet la recherche d'un contrat à SA ou dans une mineure si les 2 majeures ont été annoncées.

LES SPOUTNIKS DU RÉPONDANT

- LE SPOUTNIK sur 1 ♠

1 ♣ (ou 1 ♦) 1 ♠ contre

♠	**9 5**
♥	**A D 10 6**
♦	**R 8 6 3**
♣	**10 7 5**

Le Spoutnik montre une longueur à ♥

- **Avec 4 cartes à ♥**, et **un minimum de 7-8 H**, sans limite supérieure.
- **Avec 5 cartes à ♥** (et plus) le Spoutnik montre **7 à 10 points H**. À partir de 11 H, répondez 2 ♥.

- LE SPOUTNIK APRÈS 1 ♦ / 2 ♣

1 ♦ 2 ♣ contre

♠	**R V 7 6**
♥	**D V 9 5**
♦	**R 10 8**
♣	**7 3**

Dans cette situation le SPOUTNIK a pour objectif la découverte d'un fit 4-4 à ♥ ou à ♠.

- **à partir de 7-8 H et les 2 majeures quatrièmes.**

• LE SPOUTNIK AU PALIER DE 1

Le contre au palier de 1, en dehors du SPOUTNIK sur 1 ♠ montre une main sans majeure quatrième et sans tenue dans la couleur adverse. À partir de 7 H.

• Pour joueurs expérimentés : je vous conseille d'utiliser **le contre** LEBEL-SOULET pour indiquer 4 cartes dans la majeure quatrième au-dessus :

– le contre sur 1 ♦ montre 4 **cartes à** ♥

– le contre sur 1 ♥ montre 4 **cartes à** ♠

⇒ **L'annonce de la couleur au-dessus** = 5 cartes **et +**.

• LE SPOUTNIK SUR LES INTERVENTIONS AU PALIER DE 2

Il demande à l'ouvreur d'annoncer une des couleurs non nommées, DE PRÉFÉRENCE UNE MAJEURE.

1 ♠ 2 ♣ contre

♠ V 5
♥ R 10 8 6 2
♦ R V 9 5
♣ 6 3

• LE SPOUTNIK SUR LES INTERVENTIONS À SAUT ET LES BARRAGES

1 ♣ 2 ♥ contre

♠ R V 10 8
♥ 7 2
♦ A V 9 8 6
♣ V 10

Sur les interventions à saut le SPOUTNIK demande à l'ouvreur **d'annoncer la ou les majeures non nommées** (minimum 9 points H).

LES SPOUTNIKS DE LA DÉFENSE

RÈGLE : **quand le partenaire de l'ouvreur se manifeste les changements de couleur ne sont plus forcing.**

Le répondant peut utiliser le SPOUTNIK ⇒

- **Avec les deux autres couleurs.**
- **Avec un jeu fort** pour remplacer une enchère forcing.
- **Pour indiquer l'entame** dans la couleur non annoncée.

Note : le cue-bid de la couleur adverse garantit un fort jeu de soutien.

Le joueur qui est intervenu peut utiliser le SPOUTNIK ⇒

- Avec une bonne intervention et un intérêt pour la couleur du partenaire.
- Pour faire une tentative de manche après avoir été soutenu.

LE SPOUTNIK DE L'OUVREUR

Il montre toujours une ouverture convenable.

- soit avec un soutien de 3 cartes dans la majeure nommée par le partenaire et une bonne distribution.
- soit avec jeu fort – à partir de 18 H – et une distribution régulière.

ATTENTION ⇒ après une réponse 2 sur 1 et une intervention au palier de 2, le contre est PUNITIF.

ATTITUDE DE L'OUVREUR SUR LE SPOUTNIK

Le SPOUTNIK garantit **une force minimum de 7-8 points H**. L'ouvreur doit en tenir compte pour sa réponse.

> RÈGLE : **l'ouvreur devra nommer en priorité** une majeure et faire un saut ou un cue-bid dès qu'il possède un jeu fort.

L'ouvreur devra revaloriser son jeu dès qu'il détient « un soutien » de 4 cartes dans la majeure de son partenaire.

♠	8
♥	A D 9 7
♦	R 10 2
♣	A D 10 8 7

1 ♣	1 ♠	contre	–
3 ♥			

Le contre sur 1 ♠ montre 4 cartes à ♥. L'ouvreur doit « soutenir » avec saut à 3 ♥.

UNE SITUATION DÉLICATE

Que faire sur une intervention adverse lorsque vous possédez un contre PUNITIF ?

PASSEZ en situation de contre Spoutnik à chaque fois que vous désirez faire un contre PUNITIF.

> ⇒ **L'ouvreur doit** contrer en RÉVEIL **avec un jeu** court **dans la couleur adverse** et des levées de défense

LE RÉPONDANT après intervention du joueur n° 2

L'ADVERSAIRE NOMME UNE COULEUR

Ce qui change ⇒ les enchères à SA et le cue-bid.

- Les enchères à SA garantissent au minimum **une tenue dans la couleur adverse**.

1 SA = 7 à 10 H	2 SA = 11-12 H	3 SA = à partir de 13

- LE CUE-BID montre un jeu fitté. Forcing de manche il ne garantit pas l'arrêt dans la couleur adverse.

  Après une ouverture d'1 ♣ ou d'1 ♦ ⇒ il est utilisé pour la recherche d'un contrat à SA.

  Après une ouverture d'1 ♥ ou d'1 ♠ ⇒ il montre un espoir de chelem.

L'ADVERSAIRE FAIT UN CONTRE D'APPEL

- LE SURCONTRE : c'est une réponse conventionnelle qui indique **un minimum de 10 points H**.
- Le 2 SA TRUSCOTT : la réponse de 2 SA après un contre d'appel garantit la valeur d'un soutien avec saut normal **(11-12 S)**.

  Pour joueurs expérimentés : je vous conseille de jouer 2 SA comme un **surcontre fitté**, sans limite supérieure.

  Le soutien avec saut = barrage avec 4 atouts (en majeure).

- LE CHANGEMENT DE COULEUR

  Au palier de 1 ⇒ FORCING

  Au palier de 2 ⇒ NON FORCING

L'ADVERSAIRE INTERVIENT À 1 SA

- Le contre est punitif.
- Les changements de couleur sont non forcing.

L'OUVREUR après intervention du joueur n° 4

RÈGLE : vous avez le droit de passer.

Ne faites pas d'enchère si vous êtes minimum.

UNE EXCEPTION ⇒ **Le soutien** :

Vous devez soutenir votre partenaire même si vous êtes minimum.

- L'enchère d'1 SA indique ⇒

– 14-15 points H

– une bonne tenue dans la couleur adverse

Les autres enchères montrent :

– **soit un peu plus que le minimum**

– **soit une bonne distribution (5-5)**

– **soit une belle couleur**

- LE CUE-BID de la couleur adverse

Le cue-bid est le plus souvent utilisé pour indiquer une ouverture très forte et fittée.

Il s'agira de jeux trop forts pour un soutien direct à 4 ♥ ou 4 ♠.

LA RECHERCHE D'UN CONTRAT A SANS-ATOUT

1. L'adversaire a nommé UNE couleur
   Le cue-bid DEMANDE l'arrêt dans cette couleur.

2. L'adversaire a nommé DEUX couleurs
   Le cue-bid MONTRE l'arrêt dans cette couleur et demande l'arrêt dans l'autre couleur.

LES CHELEMS

TOTAL MINIMUM POUR DEMANDER UN CHELEM

- **33 points H** pour un petit chelem à sans-atout
- **33 points DH** pour un petit chelem à l'atout
- **36 DH** pour un grand chelem à l'atout

Pour demander un chelem, il faut également avoir l'assurance de ne pas perdre deux levées à l'entame.

Les deux conditions suivantes doivent être remplies :

1. Vos adversaires ne doivent pas avoir deux levées à encaisser dans une couleur.

2. Ne pas avoir deux As à perdre.

POUR ENTRER DANS LA ZONE DU CHELEM

1. **Tenez compte du 9e atout et de la solidité de votre couleur.**
2. **Réévaluez les honneurs dans la couleur longue de votre partenaire.**
3. **Accordez une nette plus-value à un singleton dans une couleur non nommée.**

LES 2 CONVENTIONS DE BASE DES CHELEMS

1. Pour déterminer si vous avez ou non deux levées à perdre ⇒ LES CONTRÔLES

2. Pour connaître le nombre d'As ⇒ LE BLACKWOOD

LES ENCHÈRES DE CONTRÔLE

LES 4 RÈGLES

1 **Le déclarant déclenche les enchères de contrôle après avoir été soutenu**.

2 **La 1re enchère de contrôle** indique **le contrôle le plus économique**.

3 **Le fait de sauter un contrôle DÉNIE le contrôle de la couleur**.

4 **Lorsqu'il manque un contrôle** STOPPEZ **les enchères** de chelem. Revenez au minimum dans la couleur **d'atout**.

Le premier des deux joueurs qui apprend que toutes les couleurs sont contrôlées doit poser le BLACKWOOD.

LE BLACKWOOD

Faire un BLACKWOOD c'est annoncer conventionnellement 4 SA pour connaître le nombre d'AS de son partenaire.

LES RÉPONSES AU BLACKWOOD

CLASSIQUE	MODERNE
5 ♣ = **0 ou 4 As**	5 ♣ = **0 ou 3 As**
5 ♦ = **1 As**	5 ♦ = **1 ou 4 As**
5 ♥ = **2 As**	5 ♥ = **2 As**
5 ♠ = **3 As**	5 ♠ = **2 As + le Roi d'atout**

LES RÉPONSES AVEC UNE CHICANE

- Avec 1 AS et une chicane ⇒ faites un saut économique au palier de 6 dans la couleur de votre chicane.
- Avec 2 AS et une chicane ⇒ répondez **5 SA**.

LE BLACKWOOD AUX ROIS A 5 SA

Utilisé pour demander un grand chelem.

RÈGLE : annoncez 5 SA lorsque vous avez la certitude que **votre camp possède les 4** As.

Les réponses :

- 6 ♣ = **0 ou 4 Rois**
- 6 ♦ = **1 Roi**
- 6 ♥ = **2 Rois**
- 6 ♠ = **3 Rois**

LE 5 SA JOSÉPHINE

La convention Joséphine consiste à faire un saut à 5 SA sur une couleur nommée par le partenaire, ou 6 ♣ après un Blackwood, pour rechercher deux gros honneurs à l'atout.

En réponse au Joséphine :

- **Annoncez** le grand chelem **avec** 2 **gros honneurs**
- Annoncez le petit chelem dans les autres cas

Une réponse spéciale pour les chelems à ♥ et à ♠ ⇒ répondez 6 ♦ avec 1 gros honneur (pour joueurs expérimentés).

LE 4 SA ESPOIR DE CHELEM A SANS-ATOUT

RÈGLE : après ouverture ou une enchère à SA du partenaire, **la réponse de 4 SA** est conventionnelle. **Elle indique un espoir de chelem à SA**.

1 SA ⇒ 4 SA

2 SA ⇒ 4 SA

1 ♥ 1 ♠
1 SA ⇒ 4 SA

- La réponse de 4 SA est utilisée pour la recherche des 33 points H. Elle est **non** forcing.

LE SPLINTER

Le SPLINTER est une enchère de soutien conventionnelle **simple et efficace**.

Il annonce en une fois :

1 - **Le soutien**

2 - **La force**

3 - **Une courte** (singleton ou chicane)

> Faire un SPLINTER, c'est annoncer sa courte au palier de 4 (exceptionnellement au palier de 3)

LE SPLINTER DE L'OUVREUR APRÈS UNE RÉPONSE 1 SUR 1

Le Splinter indique ⇒

- Un soutien de 4 cartes
- Un minimum de 20 points S
- Une courte dans la couleur du Splinter

♠	R D 9 8
♥	A R D 10 9
♦	R V 6
♣	7

1 ♥	1 ♠
4 ♣	

UN CONSEIL : le répondant doit dévaloriser les points perdus dans la couleur du Splinter.

Le Splinter peut également être utilisé *

- Après une réponse 2 sur 1
- En deuxième réponse
- En réponse sur l'ouverture majeure

* Nouvelle édition Memento de compétition

RÉPONSES À L'OUVERTURE DE 2 ♣

Le 2 ♣ Albarran est la seule ouverture forcing de la Super majeure cinquième.

LES RÉPONSES MODERNES ⇒

- 2 ♦ = pas d'As et moins de 8 H
- 2 ♥ = 1 AS ROUGE (♦ ou ♥)
- 2 ♠ = 1 AS NOIR (♣ ou ♠)
- 2 SA = pas d'As, à partir de 8 H ou 2 Rois
- 3 SA = 2 As

LA SUITE DES ENCHÈRES

1 L'ouverture de 2 ♣ oblige les 2 partenaires à ne pas passer avant la nomination d'une manche.

2 Le saut direct à la manche de l'ouvreur de 2 ♣ sur la réponse du partenaire indique qu'il manque 2 AS. **Le répondant doit passer**.

2 ♣	2 ♥
4 ♠	passe obligatoire

3 La redemande de l'ouvreur à 2 SA est illimitée. Elle indique une distribution régulière.
Utilisez le Stayman et le Texas comme sur l'ouverture de 2 SA ⇒

2 ♣	2 ♦ - 2 ♥ - 2 ♠	
2 SA	3 ♣	**Stayman**
	3 ♦	**Texas ♥**
	3 ♥	**Texas ♠**

RÉPONSES À L'OUVERTURE D'UN 2 FORT

Envisagez la manche dès que vous possédez un minimum de points H ou de points S (soutien).

LE SOUTIEN

3 cartes suffisent pour soutenir.

- Soutien à la manche (4 ♥ - 4 ♠) : de 6 à 9 S
- Soutien au palier de 3 : à partir de 10 points S

Le soutien simple (3 ♦ - 3 ♥ - 3 ♠) est un soutien forcing.
Le soutien forcing montre un espoir de chelem.

2 ♠	3 ♠	♠ R 9 7 5 ♥ A V 10 ♦ D 9 7 3 ♣ 9 4

LE CHANGEMENT DE COULEUR

Au palier de 2
- **à partir de 4 H**
- **forcing 1 tour**

Au palier de 3
- **à partir de 8 H**
- **forcing de manche**

RÉPONSES À SANS-ATOUT

2 SA
- **de 4 à 8 H**
- artificiel - forcing 1 tour

3 SA
- **9-10 H**
- distribution régulière
- un arrêt dans les autres couleurs.

CONVENTIONS MODERNES

LE 2 FAIBLE : 2 ♥ - 2 ♠

Utilisé par les joueurs de compétition le 2 MAJEUR FAIBLE est agressif et précis.

LES DEUX CONDITIONS pour ouvrir d'un 2 FAIBLE :

1. **Posséder un unicolore 6e ROBUSTE**
2. **Ne pas avoir une valeur d'ouverture** (6 à 10 H)

♠	R D V 9 8 6
♥	5
♦	D 6 2
♣	10 8 7

Ouvrez de 2 ♠

3 CONSEILS ⇒

1 Accordez de l'importance aux **cartes intermédiaires** – couleur solide et liée.

2 Ouvrez plus facilement non vulnérable contre vulnérables – surtout de 2 ♠.

3 N'ouvrez pas d'un 2 faible avec l'autre majeure 4e.

LES 2 RÉPONSES FORCING

1 LE RELAIS A 2 SA ⇒ forcing pour 1 tour.

2 TOUS LES CHANGEMENTS DE COULEUR.

Ces 2 réponses indiquent au minimum un espoir de manche.

LES AUTRES RÉPONSES

Ce sont des ARRÊTS FORMELS (sauf le Blackwood).

- **Les saut à la manche** ⇒ 4 ♥ - 4 ♠ ou 3 SA
- **Les soutiens au palier de 3** ⇒ 3 ♥ et 3 ♠

ATTITUDE DE L'OUVREUR SUR 2 SA

MINI ⇒ **il répète sa couleur** (3 ♥ - 3 ♠)

MAXI
- il nomme une force AS ou ROI
- il annonce un singleton au palier de 4
- il annonce 3 SA avec un jeu régulier sans force annexe.

Les ouvertures de 2 ♥ et 2 ♠ modifient les ouvertures au palier de 2. Voici le Tableau des ouvertures utilisées par les bridgeurs de compétition.

LES OUVERTURES COMPÉTITION AU NIVEAU DE 2

2 ♣	FORCING POUR 1 TOUR 20-23 DH ou 22-23 H
2 ♦	FORCING MANCHE à partir de 24 H ou DH
2♥/2 ♠	ROBUSTE unicolore sixième 6 à 10 H
2 SA	20-21 H. Distribution régulière sans majeure 5e

LES OUVERTURES DE 2 ♣ ET 2 ◆

LE 2 ♣ FORT INDÉTERMINÉ

UNE RÉPONSE CONVENTIONNELLE ⇒ LE RELAIS A 2 ◆

Cette réponse est pratiquement obligatoire.

Les autres réponses : 2 ♥ - 2 ♠ - 3 ♣ - 3 ◆ sont fortes et naturelles. Au moins 2 gros honneurs 5e.

SUITE DES ENCHÈRES SUR 2 ◆ (RELAIS)

- 2 ♥ = 2 FORT A ♥
- 2 ♠ = 2 FORT A ♠
- 2 SA = SUPER 2 SA (22-23 H)
- 3 ♣ = 2 FORT A ♣
- 3 ◆ = 2 FORT A ◆
- 3 SA = PUISSANT BICOLORE ♠ - ♥

LE 2 ◆ FORCING DE MANCHE

Toutes distributions. À partir de 24 H ou DH.

LES RÉPONSES

- 2 ♥ = pas d'As, moins de 8 H
- 2 ♠ = 1 As et pas de jeu
- 2 SA = pas d'As, 8 H et plus ou 2 ROIS
- 3 ♣ = 1 AS et DU JEU
- 3 SA = 2 As

LE PING-PONG

Le 2 ♣ PING-PONG (ou Relais-Texas) **est utilisé** :

- **après une réponse d'1 ♥ ou d'1 ♠**
- **et une redemande à 1 SA de l'ouvreur**

	1 ♣	1 ♥	
	1 SA	2 ♣	PING
PONG	2 ♦		

La réponse de l'ouvreur : 2 ♦ **est** OBLIGATOIRE

> **Le Ping-pong est particulièrement efficace dans la** recherche du fit 5-3 en majeure.

3 SORTES DE JEUX POUR LE PING-PONG

1 - **Les jeux réguliers avec une majeure 5e**
- Sur 2 ♦ ⇒ annoncez 2 SA avec 10-11 H et 3 SA à partir de 12 H.

2 - **Les jeux avec espoir de manche à ♥ ou à ♠**
- Sur 2 ♦ ⇒ annoncez 2 ♥ ou 2 ♠ pour montrer un unicolore ou un bicolore majeur ou un fit à ♥.

3 - **Les jeux faibles avec une mineure longue**
- Sur 2 ♦ ⇒ **passez** avec les ♦, ou annoncez 3 ♣.

- Le Ping-Pong permet de vous arrêter à 2 ♥ ou 2 ♠.
- Sur la redemande à 1 SA, les réponses au palier de 3 sont naturelles, fortes et forcing.

ENCHÈRES APRÈS PASSE – LE DRURY

RÈGLE ⇒ les changements de couleur ne sont plus forcing lorsque vous avez passé d'entrée.

- Le changement de couleur 1 sur 1 ⇒ à partir de 4 cartes.
- Le changement de couleur 2 sur 1 ⇒ au minimum 5 cartes.

Les changements de couleur avec saut sont des enchères fittées et forcing.

LE 2 ♣ DRURY

Le 2 ♣ DRURY est utilisé en réponse sur les ouvertures d'1 ♥ ou d'1 ♠ en 3e et 4e positions.

LE DRURY DEMANDE « AVEZ-VOUS UNE VALEUR D'OUVERTURE ? »

- LA RÉPONSE DE 2 ♦ est **conventionnelle**.
  Elle signifie : « **partenaire** méfiez-vous »
- Toutes les autres réponses sont naturelles.
  Elles garantissent une valeur d'ouverture.

AVEC QUELS JEUX DEVEZ-VOUS FAIRE UN DRURY ?

1	Les jeux fittés dans la majeure d'ouverture, 3 cartes et + – À partir de 10 H.
2	Avec un honneur second dans l'ouverture et 11 H.
3	Avec une robuste couleur à ♣ – au moins 6e – à partir de 9 H.

II LE JEU DE LA CARTE

LE JEU AVEC LE MORT

LE JEU DE LA DÉFENSE

PLAN DE JEU ET AFFRANC

LE PLAN DE JEU

Le plan de jeu est la BASE **du jeu avec le mort**.

DEUX RÈGLES

1 RÉFLÉCHISSEZ AVANT DE FOURNIR LA 1re CARTE DU MORT

2 FAITES UN PLAN GAGNANT

FAIRE UN PLAN DE JEU ⇒ c'est compter ses levées.

Au début de chaque coup : comptez vos levées maîtresses et celles qu'il vous reste à affranchir pour gagner votre contrat.

3 SORTES DE LEVÉES

1 **Les levées** maîtresses ⇒ ce sont les levées que vous pourrez faire au moment de votre choix.

2 **Les levées** affranchissables ⇒ celles que vous êtes certain d'avoir le temps d'affranchir (de libérer).

3 **Les** espérances ⇒ celles que vous allez peut-être avoir la possibilité ou le temps d'affranchir.

COMMENT FAIRE VOS LEVÉES MAITRESSES ?

LE COMPTE ⇒ Le nombre de levées que vous pourrez faire est égal au nombre de cartes de la main LONGUE.

LA PRATIQUE ⇒ Commencez par jouer les honneurs de la main COURTE pour « débloquer » la couleur.

A D 10 5 ⇑ R V 6
4 LEVÉES

COMMENT AFFRANCHIR VOS LEVÉES ?

L'AFFRANCHISSEMENT D'UNE LONGUEUR

Pour faire des levées de longueur il faut jouer suffisamment de fois de cette longueur pour épuiser les cartes adverses.

Les cartes qui vous restent seront maîtresses.

L'AFFRANCHISSEMENT DES HONNEURS

- **Avec une séquence** ⇒ faites tomber le ou les gros honneurs adverses manquants.

  R D V = 2 **levées**
  D V 10 = 1 **levée**

- **Sans séquence** ⇒ il faudra tenter une (ou plusieurs) impasse(s) (p. 58).

POUR FAIRE UNE IMPASSE ⇒ JOUEZ VERS LA PLUS GROSSE CARTE

L'AFFRANCHISSEMENT D'UNE COULEUR

Il combine l'affranchissement des levées de longueur et des honneurs.

R V 10 5 2 ☐ D 9 3	D 10 5 ☐ V 9 8 6
4 LEVÉES	2 LEVÉES

LES IMPASSES

- Réussir une impasse c'est faire une levée avec un honneur qui n'est pas le plus fort.
- Une impasse a 1 CHANCE SUR 2 de réussir.

L'IMPASSE À L'AS

> ***RÈGLE : Jouez petit vers les honneurs groupés.***
> Si vous faites la levée, recommencez la manœuvre.

R D x
⇑
x x [x]

D 9 x [x]
⇓
R V x x

R V 9 x
⇑
D 8 x x [x]

D V x
⇑
R x x [x]

L'IMPASSE AU ROI

> ***RÈGLE : Faites l'impasse*** jusqu'à un total de 10 cartes entre les 2 mains.

A D V x x
⇑
x x x x [x]

D x x [x]
⇓
A V 9 x x

A D x x x ⇑ V x [x]

[D] V 10 ⇓ A x x

L'IMPASSE À LA DAME

RÈGLE : • jusqu'à un total de 8 cartes entre les 2 mains : ***faites l'impasse à la Dame***
• à partir de 9 cartes : ***As-Roi « en tête »***

A R x
⇑
[V] 10 x

Tirez l'As en coup de sonde et impasse à la Dame.

A R V x
⇑
x x [x]

Si possible tirez l'As ou le Roi, en coup de sonde. Puis faites **l'impasse à la Dame.**

A partir de 9 cartes :

A V x x x
⇑
[R] x x x

As-Roi en tête.

ÉVITEZ LE GASPILLAGE ⇒ **ne partez pas d'un honneur sans avoir** – au moins – **l'honneur en dessous**.

IL MANQUE AS-ROI

RÈGLE : Jouez aussi souvent que possible **petit vers les honneurs groupés**.

D V 10 x
⇑
x x [x]

V 10 x x
⇑
D 8 x [x]

V x [x]
⇓
D 10 x x

10 x x [x]
⇓
D V x

IL MANQUE AS-DAME

RÈGLE : **Faites toujours l'impasse à la Dame**.

R x x x
⇑
[V] 10 9 8 x x

V x x x [x]
⇓
R 10 9 x

R V x x
⇑
10 x x [x]

← pas de gaspillage →

10 9 x [x]
⇓
R V x

IL MANQUE ROI-DAME

RÈGLE : **Faites deux fois l'impasse.**

A V 10
⇑
x x [x]

[10] 9 x
⇓
A V 8 x

[V] 10 9 x
⇓
A x x x

A x x x x
⇑
[V] 10 9 x x

Attention ! N'oubliez pas de recommencer l'impasse.

IL MANQUE ROI-VALET

RÈGLE : Jusqu'à un total de 8 cartes entre les 2 mains : **faites deux fois l'impasse.**

A x x
⇑
D [10] 9

A D x x
⇑
[10] 9 8

A partir de 9 cartes ⇒ il faut manœuvrer différemment :

A [D] 10 x x x
⇑
x x x

Jouez petit **vers la Dame**

[A] 9 x x x
⇓
D 10 8 x

Jouez l'As et ensuite petit vers la Dame

LE PLAN DE JEU A SANS

Le plan de jeu à sans-atout repose sur ces deux bases :

1 - **Le compte des levées** GAGNANTES

2 - **Le choix de la couleur à** AFFRANCHIR

LE COMPTE DES GAGNANTES

Le but du déclarant est de faire le nombre de levées demandées.

Comptez d'abord vos levées maîtresses ⇒ vous saurez combien de levées il vous reste à affranchir.

Vous jouez 3 SA ⇒ 9 **levées**

Vous comptez 6 levées maîtresses

Il vous reste **9-6** = **3** levées à affranchir.

LE CHOIX DE LA COULEUR

LE PRINCIPE DE BASE : **affranchissez votre couleur la** plus longue.

AVANT d'appliquer ce principe VÉRIFIEZ qu'il n'existe pas une couleur plus sûre.

LA LUTTE DE VITESSE

Votre objectif ⇒ remporter la course à l'affranchissement.

Une contrat à SA est une véritable lutte de vitesse à l'affranchissement entre les 2 camps.

Vous jouez 3 SA ⇒ vous devez faire vos 9 levées **AVANT** que vos adversaires n'aient réussi à en faire 5.

LE LAISSER PASSER

La pratique ⇒ **laisser passer c'est refuser de prendre** (l'entame).

Le but ⇒ épuiser **la main courte** pour couper les communications adverses.

VÉRIFIEZ avant de laisser passer l'entame qu'il n'existe pas une couleur plus dangereuse.

- **Laissez passer 2 fois :**

x x

R D V x x — x x x

A x x

- **Laissez passer 1 fois :**

x x

D V 10 x x — x x x

A R x

- **Le coup de BATH** (laissez passer 1 fois) :

x x

R D 10 x x — x x x

A V x

LES COMMUNICATIONS

Dans votre plan de jeu ⇒

- Pensez **à affranchir en ménageant vos** communications.

DEUX CONSEILS ⇒

1 - Affranchissez vos levées AVANT d'encaisser vos levées maîtresses qui serviront de communication.

2 - CONSERVEZ **une communication pour** RÉALISER **vos levées affranchies**.

Pensez **également à** couper **les communications** adverses.

- en laissant passer l'entame
- en commençant **par détruire la reprise éventuelle** de l'adversaire dangereux.

Rendez-lui la main AVANT qu'il n'ait pu affranchir sa couleur.

L'AFFRANCHISSEMENT ORIENTÉ

Le but ⇒ éviter **de rendre la main à l'adversaire dangereux**.

ORIENTEZ votre affranchissement ou vos impasses vers l'adversaire non dangereux.

- Quand un seul adversaire possède la couleur affranchie.
- Pour protéger un honneur, si vous craignez une contre-attaque.

LE COUP A BLANC

Le coup à blanc est une des armes les plus efficaces du déclarant.

> LA PRATIQUE ⇒ **donner un coup à blanc consiste à jouer** PETIT DES 2 MAINS

Pensez à utiliser le coup à blanc ⇒

- pour conserver une communication quand vous affranchissez une couleur.

Il s'agit du coup à blanc **classique** :

A R x x x

x x x — x x

x x x

Donnez 1 coup à blanc

A x x x x

x x — x x x

x x x

Donnez 2 coups à blanc

- pour empêcher l'adversaire dangereux de prendre la main
- pour couper les communications adverses
- pour jouer en sécurité

> **Le coup à blanc s'utilise à SA et à l'atout.**

LE PLAN DE JEU A L'ATOUT

Le plan de jeu à l'atout repose sur ces deux bases.

1 - **Le compte des levées** PERDANTES

2 - L'URGENCE **à jouer atout**

LE COMPTE DES PERDANTES

Comptez vos perdantes – **couleur par couleur – par rapport à la** MAIN LONGUE **à l'atout**.

Tenez compte des distributions adverses les plus probables.

- **Le cas des atouts** 4-4 ⇒ comptez vos perdantes par rapport à la main qui possède les atouts les plus forts – ou la main qui possède des perdantes à éliminer par la coupe.

Si vous avez trop de perdantes, vous devez essayer de profiter des avantages de l'atout pour vous débarrasser de ces perdantes.

LES AVANTAGES DE L'ATOUT

Le déclarant possède une arme supplémentaire : l'atout.

L'ATOUT permet d'empêcher le défilé d'une couleur adverse grâce à la coupe.

L'ATOUT permet de diminuer le nombre de vos perdantes grâce à ⇒

- LA COUPE des perdantes avec les atouts de la MAIN COURTE
- LA DÉFAUSSE des perdantes sur des cartes maîtresses ou affranchies.

QUAND DEVEZ-VOUS JOUER ATOUT ?

Vous devez COMMENCER par enlever les atouts adverses s'il n'y a pas D'URGENCE.

- Voici les 3 URGENCES possibles ⇒

1 la **C**oupe avec les atouts de la main courte

2 une **D**éfausse rapide d'une ou plusieurs perdantes

3 une **I**mpasse (ou plus) avec l'atout comme moyen de communication

AVANT D'ENLEVER LES ATOUTS ADVERSES PENSEZ AU C.D.I.
Coupe - Défausse - Impasse

LES RISQUES DE L'ATOUT

- Le risque de coupes adverses ⇒ vous devez jouer atout.
- Le risque d'être raccourci et de perdre le contrôle à l'atout.

Pour conserver le contrôle à l'atout ⇒

- **Ne coupez pas de la** main longue.
- Défaussez une perdante s'il y a danger
- Pensez à conserver l'AS D'ATOUT

L'AS D'ATOUT est la carte la plus importante du jeu. Conservez-le précieusement en cas de danger - si vous ne possédez pas le Roi.

LE JEU DE COUPE

Si vous devez éliminer des perdantes par la coupe ⇒

- Ne jouez pas atout
- Pensez à ouvrir la coupe en priorité
- Prévoyez les communications nécessaires

ENSUITE ⇒ vous devez – en principe – commencer par couper avec les petits atouts du mort.

• LA DOUBLE COUPE

Pensez-y lorsque ⇒

- les 2 mains possèdent des courtes
- les atouts de votre camp sont robustes

AVANT de jouer en double coupe :

- Comptez vos levées gagnantes
- Encaissez vos levées maîtresses (sauf problème de communication)

• LE MORT INVERSÉ

Vous jouez 7 ♠ – Entame : Roi de ♦

♠ R V 9
♥ R D 6
♦ A 10 8 3
♣ A 6 2

♠ A D 10 8 7
♥ A V 10 3
♦ 5
♣ R 7 4

Si vous prenez la main longue à l'atout comme main de base ⇒ il vous manque une levée.

Lorsqu'il manque une levée et qu'aucun plan n'apparaît pensez à jouer en mort INVERSÉ.

Le plan de jeu consiste à couper les trois ♦ perdants du mort avec les atouts la MAIN LONGUE. Pour terminer, encaissez les atouts du mort, et défaussez le ♣ perdant sur le 4ᵉ ♥.

LE JEU D'ÉLIMINATION

Quand vous possédez un minimum de 4 atouts dans chaque main vous pouvez obliger un de vos adversaires à manier pour vous une couleur, vous offrant une impasse et parfois même une coupe et défausse.

Vous devez commencer par une élimination suivie d'une mise en main.

Pour réussir UN JEU D'ÉLIMINATION ⇒
1 - **Commencez par éliminer les couleurs que vos adversaires peuvent jouer sans risque.**

2 - **Faites la mise en main.**

L'adversaire mis en main sera obligé de jouer la couleur qui vous intéresse ou coupe et défausse.

Vous jouez 6 ♥ – Entame Valet de ♦

♠	A V 5 4
♥	R 10 8 7
♦	A 3
♣	R 10 8
♠	R 10 2
♥	A D V 9 6
♦	7 2
♣	A D 9

- Commencez par éliminer les couleurs que vos adversaires peuvent jouer sans risque : ♥ et ♣. Jouez ensuite un petit ♦ pour faire la mise en main.

Le joueur qui fera la levée sera obligé de vous livrer l'impasse à ♠ ou de jouer coupe et défausse.

LA MEILLEURE CHANCE

Le choix de la meilleure couleur à jouer ne sera pas toujours évident.

- **Pour** choisir votre meilleure chance **je vous conseille de retenir** les pourcentages les plus fréquents.

LES PARTAGES ADVERSES

NOMBRE DE CARTES	PARTAGE ADVERSE	POURCENTAGES
7	4-2 3-3	48 36
8	3-2	69
9	3-1 2-2	50 40
10	2-1	78

LES IMPASSES

Voici vos chances **de réussir une ou plusieurs impasses** ⇒

Réussir	1	**impasse**	50 %
Réussir	2	**impasses**	25 %
Réussir	1	**impasse sur** 2	75 %
Réussir	2	**impasses sur** 3	50 %

LA MEILLEURE CHANCE

Pour faire le meilleur plan de jeu et choisir la bonne couleur à affranchir, c'est-à-dire celle qui offre le maximum de chances de réussite, retenez les 3 règles suivantes ⇒

LES 3 RÈGLES

1 - **Misez sur un PARTAGE FAVORABLE adverse si le total de vos cartes est PAIR** (8-10)

2 - **Préférez un PARTAGE 3-2 à une impasse**

3 - **Préférez une IMPASSE à un partage 3-3**

> Attention ! Tenez compte de vos **communications** au moment de votre choix.

LE CUMUL DES CHANCES

- Vous aurez souvent l'occasion de cumuler vos chances. Pour profiter successivement de toutes vos chances vous devrez manœuvrer vos couleurs dans le bon ordre.

POUR CUMULER VOS CHANCES ⇒
• Si possible NE COMMENCEZ PAS par faire une IMPASSE • Sinon ORIENTEZ votre impasse pour éviter de rendre la main A L'ADVERSAIRE DANGEREUX

LES MANIEMENTS DE COULEUR

Manier une couleur c'est manœuvrer de façon à faire le MAXIMUM de levées dans cette couleur.

- À chaque **maniement** ou **jeu de sécurité** correspondra un certain nombre de ♥ ⇒

♥	=	**à connaître par** ♥
♥♥	=	**à retrouver à la table**
♥♥♥	=	**pour joueurs** expérimentés

- La 1re carte sera entourée en rouge.

Maniement	Commentaire
A D 10 x x R 9 x x	♥ Jouez pour voir **l'As** – un des deux honneurs groupés –vous ferez toutes les levées.
R D 10 x A x x x	♥ Jouez **le Roi** – un des deux honneurs groupés – puis petit vers l'AS.
A D 9 x x R x x x	♥♥ Jouez **le Roi** – l'honneur isolé – pour capturer V 10 x x devant As-Dame.
A V 9 8 x R x	♥♥ Jouez **le Roi** puis petit vers le VALET.

R 10 9 x x

A x

♥ ♥ Tirez AS-ROI en tête.

A V 9 x x

D x x x x

♥ ♥ Partez de la DAME pour capturer R 10 x.

D V x x x

A x x

♥ Jouez **l'As** puis petit vers DAME-VALET, 2 fois si nécessaire.

A D 9 x x

x x x

♥ ♥ ♥ Jouez **petit** vers le 9 – impasse à V 10 – puis petit vers la DAME.

A D x x

x x x x

♥ Tirez **l'As**. Jouez ensuite petit vers la DAME.

A D x x x

x x x x

♥ Jouez **petit** vers la DAME.

D 10 9 x x

[A] x

♥♥♥ Jouez **l'As**, puis petit pour la DAME.

[V] 10 9 x x

A x x x x

♥ Jouez **le Valet** et couvrez la carte fournie par l'adversaire, pour capturer R D x.

V 10 x x x

[A] x

♥♥♥ Jouez l'As puis « petit des 2 mains ».

A V 9 x

x x x [x]

♥ **Jusqu'à** 8 cartes : jouez petit pour le 9 – impasse à R 10 x ou D 10 x.

[A] V 9 x x

x x x x

♥♥ Avec 9 cartes : tirez **l'As**, jouez ensuite petit vers le VALET.

A V 9 x x

x x x x [x]

♥♥ Avec 10 cartes : jouez petit vers le VALET.

V 9 8 x x

A x

♥ ♥ ♥ Tirez **l'As**, puis jouez petit pour le VALET.

R 10 x x x

D x x x x

♥ ♥ Jouez **la Dame**, pour capturer A V x.

R 10 x x

D x x x

♥ Jouez **petit** vers la DAME, puis impasse au VALET.

R x x x

V 10 x x x

♥ ♥ ♥ Jouez **petit** vers le ROI, quand il manque le **9**.

R 10 9 8

x x x x

♥ ♥ Jouez **petit** vers le 9 et ensuite petit vers le 10.

D 9 x x x

V x x

♥ Jouez **petit** vers le VALET – l'honneur de la main courte – et ensuite petit pour le 9.

LES JEUX DE SÉCURITÉ

Vous vous trouverez en situation de faire un jeu de sécurité pour assurer votre contrat, **dès que vous aurez** 1 LEVÉE DE TROP.

> Manier une couleur en sécurité ⇒ **c'est accepter de perdre 1 LEVÉE pour ne pas en perdre 2.**

(pour les ♥ voir page 72)

R V x x

A 9 x x

♥♥ Jouez **le Roi** – honneurs groupés – puis petit vers le 9.

R V x x

A x x

♥♥ Jouez **le Roi**, puis petit pour l'AS et enfin petit vers le VALET.

A 10 x x

R 9 x x x

♥ Jouez **petit** d'une des 2 mains vers le 10 ou le 9.

R 10 x x

A x x x

♥ Jouez **l'As**, puis petit vers le 10.

R 10 8 7 x x

A x

♥ ♥ ♥ Jouez **le 10**, un maniement rare, pour capturer D V x x.

A D 10 x

x x x x x

♥ ♥ Jouez **l'As**, puis petit vers la DAME.

A 10 9 x x

D x x x x

♥ ♥ ♥ Jouez **petit** d'une des 2 mains vers le 10 ou la DAME.

D V x x x

A 9 x x

♥ ♥ Jouez **petit** vers DAME-VALET, pour capturer R 10 x x.

A D 8 x x

V x x x

♥ ♥ ♥ Jouez **le Valet**, pour capturer R 10 9 x placés.

A D V x x

x x x

♥ Jouez **l'As**, puis une ou deux fois petit vers DAME-VALET.

L'ENTAME

L'ENTAME A SANS-ATOUT

LE CHOIX DE LA COULEUR

L'OBJECTIF ⇒ **affranchir la couleur longue de votre camp**.

LES BONNES ENTAMES – dans l'ordre –

- **Une longueur nommée par votre partenaire**
- **Votre couleur cinquième**
- Une bonne majeure quatrième
- Une bonne mineure quatrième
- La combinaison As-Roi x

LES ENTAMES À ÉVITER

- Les couleurs nommées par l'adversaire
- Les courtes, singleton ou doubleton

SANS BONNE ENTAME ⇒

Donnez la priorité à une majeure non nommée.

- avec deux honneurs qui se suivent
- avec 4 ou 3 basses cartes
- avec un honneur troisième

LA CARTE D'ENTAME A SANS-ATOUT

Le choix de la carte d'entame est essentiel. Il est le point de départ d'une défense efficace.

Deux règles générales

1 L'entame de la quatrième meilleure

2 L'entame d'un honneur annonce au minimum l'honneur en-dessous.

LA QUATRIÈME MEILLEURE

Avec une couleur de 4 cartes par un honneur, ou une longueur au moins cinquième ⇒
Entamez la quatrième carte à partir de la plus FORTE c'est-à-dire la quatrième meilleure.

R 9 6 2 – R V 9 6 2 – D 10 8 6 4 2

L'ENTAME D'UN HONNEUR

L'entame d'un honneur est faite avec une séquence – vraie ou fausse – ⇒

?

R D V – R D 10 – A V 10 x – D V 10 x

- 2 cas particuliers { entamez du ROI avec A R V X (x)
  entamez de l'AS avec A R X (x)

- Avec 4 ou 3 bases cartes, entamez d'une grosse carte :

  9 8 6 2 – 8 7 2

- Dans la couleur nommée par le partenaire :
  à SA comme à l'atout entamez en **pair-impair**.

LE CHOIX DE LA COULEUR

L'OBJECTIF ⇒ **faire rapidement des levées par la coupe ou l'affranchissement des honneurs.**

LES BONNES ENTAMES – dans l'ordre –

- **Une couleur commandée par As-Roi**
- **Un singleton**
- La couleur nommée par le partenaire
- Les séquences d'honneurs
- Deux honneurs qui se suivent

LES ENTAMES À ÉVITER

- Un singleton d'atout
- Une couleur où vous détenez l'As sans le Roi
- Une couleur – autre que l'atout – nommée par l'adversaire.

SANS BONNE ENTAME ⇒

3 cas possibles :

1. Contre un plan de coupe ⇒ entamez atout
2. Contre un plan d'affranchissement ⇒ **entamez une couleur non nommée**
3. Pas de plan visible ⇒ entamez la couleur la moins risquée

- L'entame la moins risquée : en principe une couleur ne comportant que des basses cartes – y compris atout.

LA CARTE D'ENTAME A L'ATOUT

Appliquez à la lettre les règles d'entame. Le compte des couleurs est la base de la défense dans un contrat à l'atout.

Deux règles générales.

1. L'entame en pair-impair
2. L'entame d'un honneur annonce l'honneur en dessous

LE PAIR-IMPAIR

- Avec un nombre IMPAIR de cartes ⇒ **entamez la plus petite**.
- Avec un nombre PAIR de cartes ⇒ **entamez la seconde plus petite**.

R 10 6 2 – D 8 2 – D 10 8 7 2

9 7 5 2 – 7 5 2

Appliquez ces règles strictement – avec ou sans honneur– pour donner ⇒

LE COMPTE EN PAIR-IMPAIR

Une carte **suivie** d'une carte − élevée = PAIR

Une carte **suivie** d'une carte + élevée = IMPAIR

Votre partenaire saura que vous possédez un nombre pair ou impair de cartes dans la couleur.

L'ENTAME D'UN HONNEUR

Entamez l'honneur le plus élevé avec deux honneurs qui se suivent.

A R x – D V x x – V 10 x

Une exception : A R secs : entamez du ROI et si R D x x ?

LA SIGNALISATION

(REPONSE)

LA SIGNALISATION SUR L'ENTAME

■ Priorité au signal pair-impair dans la majorité des cas ⇒ **donnez votre compte**.

• **Avec un nombre** impair ⇒ fournissez la plus PETITE.

8 6 2 – V 9 7 6 4

• **Avec un nombre** pair ⇒ fournissez une GROSSE carte.

– La plus forte avec 2 cartes : 10 2

– La deuxième plus forte avec 4 cartes

9 8 6 2 – D 7 5 3 – 10 9 7 6

Une exception : fournissez la plus forte avec deux honneurs qui se suivent à partir du Valet.

D V 10 6 – V 10 8 7

■ **L'appel direct** ⇒ quand le compte est sans intérêt.

Pour appeler : fournissez votre plus grosse carte inutile.

Pour refuser : fournissez votre plus petite carte.

DEUX CAS PARTICULIERS À SANS-ATOUT

• Sur l'entame du ROI – en principe 3 honneurs –

DÉBLOQUEZ **si vous possédez l'honneur complémentaire**.

Sinon ⇒ le compte en pair-impair

• Sur l'entame de l'AS ⇒ APPEL DIRECT ou refus.

Rappel : l'entame de l'As dans un contrat à SA provient le plus souvent de la combinaison ARx.

LA SIGNALISATION EN COURS DE JEU

- **Dans une couleur jouée par l'adversaire**

  Utilisez le signal pair-impair pour renseigner votre partenaire **si vous le jugez utile**.

  Dans le cas d'un plan d'affranchissement adverse signalez votre compte **le plus clairement possible**.

Attention

– ne donnez pas **trop** de renseignements quand vous jouez contre de forts joueurs

– pas de gaspillage en donnant le compte

- **Dans la couleur d'entame de votre partenaire**

  Pour indiquer votre compte de cartes dans la couleur d'entame ⇒

Rejouez pair-impair du RESTE

Si vous aviez au départ :

A 8 7 [2] ou D V 7 [2] **rejouez le** 2

A [7] 5 ou D [7] 5 **rejouez le** 7

- **Dans la couleur de contre-attaque**

Jouez ATTITUDE

Une petite carte ⇒ continuez la couleur
Une grosse carte ⇒ pas d'intérêt dans la couleur

Avec une séquence ⇒ rejouez la plus forte.

[R] D V 7 3 – A D 8 6 [2] – [9] 8 7 4

LA SIGNALISATION PAR LA PREMIÈRE DÉFAUSSE

Utilisez ces 3 RÈGLES dans l'ordre ⇒

1. **Une défausse ne doit jamais coûter une levée à votre camp.**
2. En début de coup vous pouvez signaler votre compte en pair-impair.
3. En fin de coup ou en cas d'urgence jouez les appels directs.

Un cas particulier : en début de coup dans un contrat à SA vous pouvez utiliser les appels de préférence par la défausse (LAVINTHAL)

L'APPEL DE PRÉFÉRENCE

Les appels de préférences sont des appels indirects.

Faire un APPEL DE PRÉFÉRENCE c'est au moyen d'une carte demander une couleur différente.

1 - L'APPEL DE PRÉFÉRENCE DANS LA COULEUR D'ENTAME

RÈGLES

- La plus grosse carte demande la couleur la plus chère.
- La plus petite carte demande la couleur la moins chère.

Note : une carte moyenne indique
- soit pas de préférence
- soit la couleur du milieu s'il y a le choix entre 3 couleurs

Exemple à sans-atout

Vous entamez du Roi de ♥ avec :

♥ R D V 10 4 et l'As de ♣.

L'adversaire laisse passer ⇒ rejouez le 10 la plus petite carte possible pour le retour ♣.

Exemple à l'atout

Votre partenaire entame son singleton à ♥ et l'atout est ♠.

Vous détenez : ♥ A 10 8 7 2

Après la levée de l'As de ♥ :

avec l'As de ♦ ⇒ rejouez le 10

avec l'As de ♣ ⇒ rejouez le 2

2 - L'APPEL DE PRÉFÉRENCE PAR LA DÉFAUSSE

Il s'agit de la première défausse dans une couleur déjà refusée.

RÈGLES

- La défausse d'une grosse carte est un appel dans la couleur la plus chère.
- La défausse d'une petite carte est – en principe – un appel dans la couleur la moins chère.

Trois **conseils** :

- utilisez les appels de préférence par la défausse avec modération
- **un appel ou un refus ne doit pas coûter de levée**.
- n'oubliez pas que vous devez **renseigner votre partenaire** et non l'adversaire.

HONNEUR SUR HONNEUR ?

Voici quelques règles concernant les situations où vous devrez ou non jouer honneur sur honneur.

DEVANT LE MORT

AVEC LE VALET

- **Fournissez toujours petit sur le 10**
  Ne jouez pas honneur sur honneur

R x x

V x x   A D 8

10 9 x x

AVEC LE ROI OU LA DAME

1 Devant un honneur isolé au mort :

- **Fournissez une petite carte**
  Ne jouez pas honneur sur honneur

A x x

R x x

D

2 Devant deux honneurs au mort :

- **Jouez honneur sur honneur**

A V x

R x x

D

DERRIÈRE LE MORT

1 Derrière un honneur isolé au mort
- **Jouez honneur sur honneur**

D x x

R x x

2 Derrière deux (ou plusieurs) honneurs
- **Fournissez petit**
  Ne jouez pas honneur sur honneur

A V 10

D x x

Quand faut-il enfreindre la règle petit sur honneur ?

Il faut mettre honneur sur honneur avec un honneur second.

Attention : Ne jouez pas honneur sur honneur quand les adversaires ont beaucoup de cartes dans la couleur.

♥ V x x x x

♥ D

♥ R x x

♥ A 10 9 x

L'accident à éviter : **faire tomber ensemble le Roi et la Dame** !

QUAND DEVEZ-VOUS PRENDRE ?

Appliquez ce principe quand vous pouvez faire la levée : « Un honneur doit faire son travail ».
C'est-à-dire capturer une grosse carte adverse.

RÈGLES

En seconde position : **fournissez petit sur petit.**
prenez un honneur.

En quatrième position ⇒ **faites la levée**.

LES EXCEPTIONS :

En seconde position :

Faites la levée :

- Si c'est la levée de chute.
- Si, avec cette levée, l'adversaire va gagner son contrat.
- Pour ne pas laisser l'adversaire faire un honneur sec.
- Pour affranchir votre couleur avant celle de votre adversaire.

En seconde et quatrième position :

Ne faites pas la levée afin d'empêcher ou parfois de gêner l'affranchissement d'une longueur adverse.

– La longueur du mort :

- Prenez au bon moment grâce au signal « **pair-impair** » de votre partenaire.

– La longueur du déclarant.

- Il suffit de prendre **la dernière carte** du mort.

LA CONTRE-ATTAQUE

SANS DANGER IMMÉDIAT

Devant le mort ⇒ jouez la couleur et non la longueur – FORTE du mort.

Derrière le mort ⇒ jouez dans une couleur FAIBLE du mort.

IL Y A DANGER IMMÉDIAT

■ **A sans-atout** ⇒ c'est l'affranchissement d'une longueur adverse.

> Devancez-le en jouant :
> - **la couleur nommée par votre partenaire**
> - **votre propre longueur**

■ A l'atout il existe deux dangers.

1 Les coupes avec les atouts du mort.

> **Jouez** atout

2 L'affranchissement d'une longueur

La contre-attaque est évidente :

> **Jouez** la quatrième couleur

Pour trouver la quatrième couleur il suffit ⇒

- de ne pas jouer atout
- de ne pas jouer dans la longueur adverse
- de ne pas rejouer dans la couleur d'entame

Il ne reste plus qu'une seule couleur !

LES ENTAMES SPÉCIALES

L'ENTAME CONTRE UN PETIT CHELEM

LES ENTAMES SANS PROBLÈME

Votre ambition est de faire deux levées.

- L'entame avec un As et un Roi-Dame :
  à sans-atout comme à la couleur, entamez le Roi.
- L'entame d'un singleton (contrats à l'atout) :
  entamez votre singleton, **sauf si vous détenez un As**.
- L'entame avec un As et une levée d'atout :
  entamez votre As.

LES AUTRES ENTAMES

- Contre un chelem à sans-atout :

  Faites l'entame la moins risquée : une longueur sans honneur, ou une séquence

- Contre un chelem à l'atout :
  - Si vous redoutez un plan d'affranchissement : **entamez une couleur non nommée sous un Roi ou une Dame**.
  - Si vous redoutez un plan de coupe : **entamez atout**.

LES CONTRES D'ENTAME

LES CONTRES EN COURS D'ENCHÈRES

1. **Le contre d'une enchère artificielle**

   Votre partenaire contre une enchère artificielle (**Stayman, Texas, Ping-Pong, 4e couleur**...) : il s'agit d'un contre conventionnel, entamez la couleur contrée.

(2) **Le contre du cue-bid de la couleur du partenaire.**
Il montre un des 3 gros honneurs dans la couleur. **Un renseignement précieux pour l'entame.**

LES CONTRES EN FIN D'ENCHÈRES

(1) **Votre partenaire contre 3 sans-atout.**
Ce contre conventionnel demande une entame déterminée ⇒

1. Si aucune couleur n'a été nommée
ENTAMEZ ♠.
2. Si une ou plusieurs couleurs ont été nommées
ENTAMEZ DANS LA 1re COULEUR DU MORT.

(2) LE CONTRE LIGHTNER

Derrière le mort, votre partenaire contre un chelem :

RÈGLE : **vous devez faire une entame** ANORMALE.

Pour la trouver ⇒ évitez les entames normales.

Voici les entames INTERDITES :

- **atout**
- **une couleur nommée par le partenaire**
- **la couleur non annoncée**

Dans un chelem à l'atout le contre Lightner indiquera souvent une chicane. **Pensez-y.**

LE NOUVEAU STANDARD FRANÇAIS

MICHEL LEBEL

LA MAXI SUPER MAJEURE 5e

LE STANDARD À DEUX

de l'ouverture jusqu'au chelem

ÉDITIONS DU ROCHER

LE NOUVEAU STANDARD FRANÇAIS

MICHEL LEBEL

LA MAXI SUPER MAJEURE 5e

LES ENCHÈRES COMPÉTITIVES

ÉDITIONS DU ROCHER

Cet ouvrage a été achevé d'imprimer
en septembre 1999 dans les ateliers
de Normandie Roto Impression s.a.
61250 Lonrai
N° d'imprimeur : 992088
Dépôt légal : septembre 1999

Imprimé en France